मुहम्मद अलवी

(शब्दों का चित्रकार)

मुहम्मद अलवी

शब्दों का चित्रकार

भूमिका एवं सम्पादन

निदा फ़ाज़ली

वाणी प्रकाशन

वाणी प्रकाशन

'लोगो' वाणी प्रकाशन : मक़बूल फ़िदा हुसेन

वाणी प्रकाशन, 4695, 21-ए, दरियागंज, नयी दिल्ली-110002

वाणी प्रकाशन, अशोक राजपथ (पटना कॉलेज के सामने), पटना (बिहार)

MUHAMMAD ALVI (Shabdon Ka Chitrakar)

Edited by Nida Fazli

Ghazals/Nazms

ISBN : 81-7055-556-6

संस्करण : 1997

आवृत्ति : 2010

मूल्य : 150/-

वाणी प्रकाशन

फोन : 0091#11#23273167, फोन व फैक्स 23275710

वेबसाइट : www.vaniprakashan.in

ई-मेल : vaniprakashan@gmail.com

आर.टेक ऑफसेट द्वारा दिल्ली-110095 में मुद्रित

अनुक्रम

दिन में परियाँ क्यों आती हैं
न हो कुछ और लेकिन जान तो है
दुख का एहसास न मारा जाये
इधर रहा हूँ उधर रहा हूँ
मरने की जी में आये तो रस्ता दिखाई दे
गिरह में रिश्वत का माल रखिये
उदास है दिन हँसा के देखें
और बाज़ार से क्या ले जाऊँ
कुछ तो इस दिल को सज़ा दी जाये
कभी तो ऐसा भी हो राह भूल जाऊँ मैं
परिन्दे सर पर दिखाई देंगे
बाहर गली में खिल गयीं कलियाँ गुलाब की
औरों के घर जला के क़यामत न कर सका
ज़मीं कहीं भी न थी चारसू समुन्दर था
भाई मेरे घर साथ न ले
हुई रात मैं अपने अंदर गिरा
घर ने अपना होश सँभाला दिन निकला
दुख तो हर घर में जाता है
लोग भी नाआशना हैं शह्र भी अंजान है
आता सोए जाता सोए
हमें उनका मकाँ अच्छा लगा है
सच कहाँ कहता है जाने वाला
लबों पे यूँ ही सी हँसी भेज दे
सच तो यह है कि गुमाँ हूँ मैं भी
हरेक झोंका नुकीला हो गया है
दिल के साथ लगा रहता है
फिर सबा सूए-चमन आने लगी

मुहम्मद अलवी–शब्दों का चित्रकार

यह अजीब इत्तिफ़ाक़ है कि उर्दू के क्लैसिकल केंद्र दिल्ली, लखनऊ, हैदराबाद, रामपुर आदि के मुक़ाबले में उन इलाक़ों में भाषा, शिल्प-शैली तथा विषयों के प्रयोग ज़्यादा हुए हैं जहाँ उर्दू की जगह दूसरी क्षेत्रीय भाषाएँ हावी रही हैं। आधुनिक उर्दू शायरी की महत्त्वपूर्ण आवाज़ जिसने दाग़ और अमीर मीनाई के जागीरदाराना एवं दरबारी युग की ग़ज़लों के ख़िलाफ़ बग़ावत का परचम लहराया था, और काव्य-साहित्य को धरती के खुरदुरे यथार्थ से परिचित कराके इसे समाज सुधार का माध्यम बनाया था। वह पंजाब के एक शहर पानीपत से उभरी थी, इस क्रांतिकारी आवाज़ का नाम हाली पानीपती था।

मीरा जी और राशिद, जिनकी क़लम ने 20 वीं शताब्दी के चौथे दशक में जीवन के बदलते हुए मूल्यों के दायरे में व्यक्ति और समाज के संबंधों के नये स्तरों की छानबीन की और कविता को नये ज़मीन-आसमान से क़रीब करके वर्तमान ग़ज़ल और नज़्म के लिए नयी राहें हमवार कीं, उनमें से किसी का तअल्लुक़ दिल्ली, लखनऊ, रामपुर या हैदराबाद से नहीं था। डॉक्टर इक़बाल और फ़ैज़ के नाम भी इसी संदर्भ में लिये जा सकते हैं। इन दोनों की भी बोलचाल की भाषा पंजाबी और लिखने की भाषा उर्दू रही है।

हर युग का अदब अपने इतिहास का वारिस ज़रूर होता है। लेकिन जब विरासत आस्था का रूप ले कर समय की गति को नकारने लगती है, तो साहित्य भी ठहरे हुए तालाब के पानी की भाँति अपनी ही सीमाओं का बंदी हो जाता है।

मुहम्मद अलवी गुजरात के एक शहर अहमदाबाद के निवासी हैं। यह वही अहमदाबाद है जहाँ कुछ महीने पहले, एक सड़क के बीच में उर्दू के पहले साहिबे-दीवान ग़ज़लकार 'वली' की क़ब्र की पहचान की गयी है। वली मुहम्मद अलवी के शजरे में शामिल है। शाहजहाँ के युग के वली और आज के मुहम्मद अलवी, दोनों का रिश्ता शाह आलम के दौर के एक संत बाबा वजीहुद्दीन गुजराती से मिलता है। मुहम्मद अलवी इनकी दरगाह के उत्तराधिकारी सज्जादानशीनों में हैं। अलवी के अंदर एक साथ कई अलवी आबाद हैं। सूफ़ी, शराबी, पिता, पति, बिज़नेसमैन, जुवारी, एकांतप्रिय,

मजमेबाज, वह इन सबमें विभाजित होकर भी एक इकाई के रूप में जुड़े रहने का समाजी फ़र्ज़ निभाते रहते हैं। अपनी शख़्सियत के इन विरोधाभासों को उन्होंने सामाजिक यथार्थ के रूप में स्वीकार किया है। इस स्वीकार्य ने उन्हें बिखरने से भी बचाया है और अपनी ज़िंदगी का खुद तमाशाई भी बनाया है। उनके लेखन में भी उनके यही संतुलित सूझबूझ उनको साहित्य को समकालीन फ़ैशन से सुरक्षित रखती है। जो मुहम्मद अलवी से मिल चुके हैं, वह जानते हैं कि विभिन्न ख़ानों में बँटी उनकी ज़िंदगी और शायरी के बीच में कोई पुस्तकीय पर्दा नहीं है। वह अपनी ज़िंदगी के शायर हैं। इस जीवन को उन्होंने अपनी साँसों से जिस तरह जिया, अपनी इंद्रियों से जैसा महसूस किया वैसा लिखा है। उनकी सोच का दायरा ज़्यादा बड़ा नहीं है। उन्हें उन सीमाओं का बोध हो या न हो, लेकिन वह इन्हें कभी फलाँग कर सुनी-सुनाई बातों या प्रचलित विचारों को अपना विषय नहीं बनाते। यही उनकी ईमानदारी है जो सीधे सहज शब्दों में काव्यात्मकता पैदा करती है। अलवी ने अपने जीवन को अपनी शायरी के लिए एक प्रयोगशाला की तरह इस्तेमाल किया है। जिस समय जो लम्हा इस प्रयोगशाला में किसी छोटे बड़े तजुरबे की सूरत में ढल जाता है, वह उनकी किसी नज़्म या ग़ज़ल में बदल जाता है।

अलवी के अब तक चार संकलन प्रकाशित हो चुके हैं। ख़ाली मकान, आख़िरी दिन की तलाश, तीसरी किताब और चौथा आसमान तक उन्होंने 1963 से 1991 तक एक लंबी काव्य यात्रा की है। इन चार संकलनों में अलवी ने जवानी से ढलती उम्र तक विभिन्न शब्द चित्रों से अपनी जीवनी लिखी है। इस जीवनी में अतीत को वर्तमान में याद करने के बजाय—अतीत को उसीके वर्तमान में शब्दबद्ध किया गया है। इस रवैये के कारण उनकी कविताओं में एक प्रकार का इकहरापन तो नज़र आता है, विचारों में गहनता का अभाव भी पाठक को सताता है, लेकिन चित्रात्मक भाषा और दृश्यों को अपने फ़ोकस से देखने-दिखाने की चतुराई ने इनमें नयापन जगाया है। वह कथ्य से अधिक अपनी कहन से पहचाने जाते हैं। यही उर्दू की नयी शायरी में उनकी पहचान भी है। अपनी आवाज़ को पाने के लिए अलवी ने एक लंबा सफ़र किया है। अदब से अलवी का रिश्ता, उनके पूर्वजों की विरासत है। परंतु इस परंपरा को उन्होंने ज्यों का त्यों स्वीकार नहीं किया। अपने युग की तब्दीलियों के अनुसार उन्होंने इसमें से बहुत कुछ छोड़ा भी है और अपना कुछ जोड़ा भी है।

उन्होंने शुरू में कहानियाँ लिखीं और फिर स्वयं अपने आलोचक बन कर इस विधा से दूर भी हो लिये। कथा लेखन को त्यागने के पश्चात् वह कविता की ओर आये। कविता से उनका संबंध उस समय जुड़ा जब भारत में प्रगतिशील आंदोलन अपने उरुज पर था। मुल्कराज आनंद और सज्जाद ज़हीर साहित्य में इस आंदोलन के अग्रजों में थे। पूर्वनिश्चित राजनैतिक फ़ार्मूलों के अनुसार साहित्य की रचना होती थी और इन्हीं कसौटियों पर इसका मूल्यांकन किया जाता था। अलवी भी इसके प्रभाव में आये और नियाज़ हैदर और कैफ़ी आज़मी की तरह उस युग के हावी फ़ैशन के अनुसार

नारेबाज़ी को कविता बनाते रहे। उर्दू में मजमा लगानेवाली ये कविता जोश से साहिर सारदार और कैफ़ी तक एक से विषयों को एक ही तरह की सपाटबयानी में दोहराती है। उन दिनों की अलवी की एक नज़्म यूँ है :

क़ैद कर लो
पकड़ लो
जो हलाकू न कर पाया कर लो
फाँसियों पर चढ़ा दो
हाँ मगर अपना अंजाम मालूम
मेरा अज़्म मेरा इक़दाम मालूम।

नज़्म की तरह उन दिनों की उनकी ग़ज़लों में भी, कच्ची रूमानियत और नकली भावुकता के दर्शन होते हैं। क़ाफ़िया, रदीफ़ और मीटर की परंपरागत बुनत में, प्रचलित ख़यालों को दोहराया जाता था। जिन पर मजाज़ लखनवी, जाँनिसार आदि का असर साफ़ नज़र आता है :

ग़मे जानाँ को अभी और उभर जाना था
ज़हर बनकर मेरी रग-रग में उतर जाना था
उनका आना भी था हंगाम-ए-महशर का ख़याल
उनका जाना भी क़यामत का गुज़र जाना था।

कथा-लेखन की भाँति वह इस क़िस्म की शायरी से भी बहुत जल्द उकता गये लेकिन इस बार उनके अंदर छुपे आलोचक ने उनकी ऐसी आलोचना की कि वह सात साल की लंबी मुद्दत के लिए ख़ामोश हो गये। '52 से '59 तक इस ख़ामोशी को वह शराब, ताश और बिज़नेस से बहलाते रहे, पैसा कमाते रहे। महफ़िलें सजाते रहे और नयी-नयी गालियों से शायर-दोस्तों की निर्धनता को और ग़रीब बनाते रहे। उनकी ये असाहित्यिक गतिविधियाँ दरअसल साहित्य की ही अचेत तलाशें थीं। वह शब्दों से दूर होकर शब्दों की जाँच परख कर रहे थे। इस लंबे अंतराल ने उन्हें न केवल अपनी पहचान का बोध दिया, समय, जीवन और शब्द के नये सम्बन्धों का ज्ञान भी दिया। उनकी बाद की शायरी की तसवीरी भाषा, जिये हुए विषयों के चयन और सोच के व्यक्तिगत रचाव में जो तब्दीलियाँ नज़र आती हैं वह इसी मौन की देन है।

मैंने दिल में झाँक कर देखा उसे
फिर उसी का अक्स चारों ओर था
x x x
चला चल देख डस जाये न तुझको
तेरे पीछे तेरा साया पड़ा है।

x x x

ज़मीन लोगों से डर गयी है
समुन्दरों में उतर गयी है।

अलवी के यहाँ ख़ामोशियों के ऐसे कई दौर आये हैं। वह लिखते-लिखते अचानक मौन हो जाते हैं। वह अदब से दूर हो कर अदब के बारे में सोचते हैं और फिर ताज़ादम हो कर लिखने में व्यस्त हो जाते हैं। स्वयं को तोड़ने-जोड़ने का यह क्रम अलवी का मिज़ाज है जिसने उन्हें चार संकलनों तक भी पुराना नहीं होने दिया। अलवी की शायरी खुद उनकी ज़ात का आईना है। लेकिन वक़्त और उम्र के साथ इस आईने में और बहुत-सी परछाइयाँ भी उनके साथ जुड़ गयी हैं। अब उनके एकांत और अलगाव में, खुदा के न होने का दुख, इनसानों के हाथों इनसान का ख़ूनख़राबा, मानवीय मूल्यों का पतन और ढलती उम्र का दुख आदि भी शामिल होने लगे हैं। उनके अपने दुख ने, जाने अनजाने कई और दुखों से रिश्ता जोड़ लिया है। परन्तु यह रिश्ता एक साधारण आदमी जैसा है जिसमें सोच विचार से अधिक 'आँखन देखी' की सादगी और सचाई है।

खुदा अक़ीदत खुलूस नेकी
खुशी, मुहब्बत सुकून
सब मर चुके हैं भाई
चलो अब इनको
ममी बनाकर
लुग़त (शब्दकोश) के एहराम (मिस्र के मीनार) में सुलायें।

अलवी की शायरी आधुनिक शायरी के एक बड़े हिस्से की भाँति पाठक से सवाल-जवाब नहीं करती। उसकी हर नज़्म या ग़ज़ल शीशे की तरह पारदर्शी होती है जिसमें पाठक आसानी से अपना चेहरा भी देख सकता है। अनुभव और अभिव्यक्ति की दूरी को कम करना अलवी का आर्ट है। अलवी अपने से पहले के शायरों से मुख़्तलिफ़ अंदाज़ में सोचते हैं। इस सोच के इज़हार के साँचे भी इसी लिहाज़ से नयी शब्दावली से तराशे गये हैं। अलवी ने आम बोलचाल की ज़ुबान को अपने इज़हार का माध्यम बनाया है और इसी ग़ैर शायराना ज़ुबान में शायरी का चमत्कार जगाया है। यह भाषा खुरदुरी, सीधी और ज़मीनी है। यह उर्दू का वह रूप है जो गुजराती से मिल कर अपना नया चेहरा बनाता है। उनकी शायरी पर मुनीर नियाज़ी तथा नासिर काज़मी का असर ज़रूर है लेकिन इस असर को उन्होंने अपने शब्दों में दोहराया है और इस तरह इसे अपना बनाया है। ज़माने के साथ अहसास और सोच तो हर आदमी की बदलती है, लेकिन बदले हुए अहसास और सोच की अभिव्यक्ति के लिए नयी भाषा की तलाश भी आवश्यक है। अलवी इस राज़ से परिचित हैं। उनकी शायरी की

भाषा, जो सूफ़ियों और संतों की बोलियों की तरह सीधी सहज और चित्रात्मक है। इसमें लोक मुहावरे की सी मासूमियत और प्रकृति का सा खुलापन है, जो आँखों से ज़ेहन तक का दायरा बनाता है।

लुढ़क के मेरी तरफ़ आ रहा था इक पत्थर
फिर एक और, फिर एक और, बड़ा सा पत्थर था।
X X X
इक पुराने रस्ते की
तोप के दहाने पर
नन्ही मुन्नी चिड़िया ने
घोंसला बनाया है।

अलवी की हर नज़्म इर्द-गिर्द के वातावरण में बिखरी छोटी-छोटी चीज़ों से बुनी हुई एक छोटी सी कहानी होती है जो धीमे-धीमे ड्रामाई अंत को पहुँचती है। इस कहानी में ख़याल को इस तरह पिरोया जाता है कि ख़याल रौशन बन कर कई स्तरों पर फैल जाता है। जहाँ यह चौकसाई उनका साथ नहीं दे पाती वहाँ नज़्म केवल एक दृश्य का चित्र बन कर इकहरा हो जाता है। जैसे :

रोज़ शाम आती है
रोज़ डूबता सूरज
डूबने से कुछ पहले
नन्ही-मुन्नी किरनों को
प्यार से बुलाता है
और डूब जाता है।

इस नज़्म में मंज़र निगारी लुभाती ज़रूर हैं, लेकिन इस मंज़र से कोई और मंज़र इस तरह नहीं फूटता जैसे इससे पहले की नज़्म से उभरता है।

ख़ुदा के साथ अलवी के संबंध के निशानात उनके पहले संकलन 'ख़ाली मकान' से उनके नये संकलन 'चौथा आसमान' तक फैले हुए हैं। कहीं यह जीवन के विरोधाभासों में संयोजन का प्रतीक बनता है कहीं अपने न होने के दुख की इमेज में उभरता है। अलवी का ख़ुदा तो इस्लामी है, लेकिन उसके साथ इनके रिश्ते में वेदांत के रंगरूप भी शामिल हो गये हैं। वह इससे संवाद करते हैं, उसे प्रकृति में बिखरा हुआ देखते हैं, उसे अपने अंदर जागता सोता महसूस करते हैं। इसमें बंदे और ख़ुदा का फ़ासिला भी है और आत्मा और परमात्मा के सम्मिलन का सूफ़ियाना रास्ता भी है। ख़ुदा के इस बहुमुखी रूप के साथ कहीं-कहीं मृत्यु-भय ने जुड़कर भी, उनके सामाजिक अध्यात्म को नये आयाम दिये हैं। उनके पहले संकलन में ख़ुदा का रूप यूँ है।

रात भर पी के लड़खड़ाते रहे
सुब्ह मस्जिद में सर झुकाते रहे।

यह मस्जिद का खुदा उनके तीसरे संकलन में एक बेकार-सी चीज़ बन जाता है जो कभी-कभी ज़रूरत में काम में लाया जाता है। इस नज़्म का शीर्षक खुदा है।

घर की बेकार चीज़ों में रखी हुई
एक बेकार सी लालटेन है
बिजली चली जाए तो
ढूँढ़ कर उसको जलाते हैं
और बिजली आते ही फिर बेकार चीज़ों में
फेंक आते हैं।

अलवी की कविता न प्रचारक है न समाज सुधारक, वह एक आम आदमी है और इसी तरह दिन को रात और रात को सुब्ह करता है। साधारण आदमी के छोटे-मोटे दुख-सुख के साथ वह घर-आँगन, गली-मुहल्ले और दोस्तों में हँसता है, रोता है, बहकता है, झल्लाता है और इन्हीं बदलते मूड्स को बिना किसी सजाव-बनाव के शायरी बनाता है।

अलवी की अच्छी और स्तरीय कविताओं के साथ ही उनका एकरूप हँसी-मज़ाक या वक़्ती शोख़ी का भी है। कभी-कभी उन पर यह मूड इस तरह हावी हो जाता है कि अच्छी-भली ग़ज़ल या नज़्म का चेहरा इतना बिगड़ जाता है कि उसमें अलवी कहीं नज़र नहीं आते। यह दोष उनके यहाँ कुछ उनके अपने मिज़ाज की वजह से है और कुछ कविता के ज़रूरत से ज़्यादा सरलीकरण के कारण है।

पहले तो दर्मियान में पर्दे पड़े रहे...
फिर यूँ हुआ कि जिस्म से कपड़े उतर गये
x x x
इक लड़का था इक लड़की थी
आगे अल्ला की मर्ज़ी थी।
x x x
मैं भी कितना बड़ा गधा हूँ
अपने आपसे कहता हूँ

धोबी का हो या कुम्हार का
गधा गधा ही रहता है।

एक आलोचक ने उनके बारे में कहा है वह कई शैलियों के शायर हैं। यह कथन

उनकी शायरी पर पूरा उतरता हो या नहीं, लेकिन यह ज़रूर कहा जा सकता है कि अपने अक्सर समकालीनों की तुलना में उनका ज़ेह्न ज़्यादा बोल्ड है। वह जानवर, परिंदों से ले कर पेड़, खंडहर, खिड़की, कार हर जगह शायरी की खोज करते नज़र आते हैं।

–निदा फाज़ली

नज़्में

ख़ुदा

मुझे इस का दुख है
कि मैं ने तुझे
आज तक क्यों न जाना
ख़ुदा ऐ ख़ुदा
मैं समझता था तू
एक ज़ालिम है जो
मुझ पे ज़ुल्मो-सितम ढा रहा है
मुझे यह ख़बर ही नहीं थी
कि तू भी
दुखी है
अकेला है
मैं और तू
एक ही आग में जल रहे हैं

यादें

खिड़की के पर्दे सरका कर
कमरे में आ जाती हैं
आपस में चोहलें करती हैं
मेरी हँसी उड़ाती हैं
मेज़ पर इक तस्वीर है उसको
देख के शोर मचाती हैं
मैं घबरा के भाग उठता हूँ
वह मिल कर चिल्लाती हैं
कमरे से उनकी आवाज़ें
दूर दूर तक आती हैं
दूर दूर तक आती हैं
और पत्थर बरसाती हैं।

एक नज़्म

चाँद पे जाओ
या तारों को छू आओ
मैं क्या हूँ
यह सब क्या है
यह सब क्यों है
ये आवाज़ें
साथ साथ ही आयेंगी
आस पास मँडरायेंगी
दूर न होने पायेंगी।

मशवरा

मेरी जाँ इस कदर अंधे कुएँ में
भला यूँ झाँकने से क्या दिखेगा
कोई पत्थर उठाओ और फेंको
अगर पानी हुआ तो चीख़ उठेगा

यह रात और दिन

यह रात और दिन
भरी दोपहर
यह शामो-सहर
इन्हें देखकर
मुझे ऐसा लगता है
मैं जी रहा हूँ
मगर कोई है जो
कभी रात को
कभी दोपहर में
कभी शाम को
कभी मुँह अँधेरे
मेरे कान में
हिक़ारत[1] से कहता है
तू मर रहा है

1. तुच्छभाव

हतक[1]

(मण्टो की एक कहानी पर)

1. सआदत हसन मण्टो की एक बहुचर्चित कहानी

कुत्ते ने आँखें खोलीं
लंबी ज़बान से
सारे बदन को प्यार किया
एक एक ज़ख़्म शुमार[2] किया
कान मरोड़े
दुम फटकारी
करवट बदली
इक बेहाल सी औरत को
पहलू में सोते देखा
इधर उधर से सूँघा
फिर सूँघा
फिर टाँग उठाई
और मूता
फिर खाट से कूदा
और खोली से भाग गया

2. गणना

फ़रवरी

कमरे में हर चीज़
अपनी जगह मौजूद थी
सब ठीक ठाक था
फिर भी
यूँ लग रहा था
जैसे कोई चीज़
चोरी हो गयी है
मैं ने एक बार फिर
कमरे का जायज़ा[1] लिया
अल्मारी और मेज़ के ख़ानों में
हर चीज़
ज्यों की त्यों रखी हुई थी
लेकिन क्लैंडर से
28 के बाद की तारीख़ें
चोरी हो गयी थीं

1. जाँच-पड़ताल

एक नज़्म

कुछ देर खेलेगी
फिर तोड़ देगी
मुझे सब पता है
मगर फिर भी मैं
नींद के हाथ में
ख़्वाब देता रहूँगा

नया दिन

अभी चाँद के हाथ
काले दरख़्तों को सहलायेंगे
ख़ुश्क पत्ते
हवा के बदन में
उतर जायेंगे
और बीते दिनों का
कोई एक लम्हा
मेरी आँख से
अश्क[1] बन कर गिरेगा 1. आँसू
और फिर एक नया दिन
पुराने मकानों की
गंदी छतों पर
बरहना[2] फिरेगा 2. नग्न

एक नज़्म

सूरज टीन की छत पर
बैठा
अपने दोनों पंजों से
दाँतों को
चमकाता है

दोनों का दोस्त

इतने बहुत से तारों में
इक ऐसा भी तारा है
मेरी जिससे दोस्ती है
जो उसको भी प्यारा है

एक नज़्म

सैकड़ों दरिया पाटे हैं
लाखों जंगल काटे हैं
फिर भी मेरे चारों ओर
वही भयानक सन्नाटे हैं

रिश्वत ख़ोर दहाई

पैंसठ ने रोका और पूछा
कौन हो कैसे आए हो
अच्छा आगे जाना है
ठीक है लेकिन यह तो कहो
मेरे लिये क्या लाये हो
मैंने कहा क्या चाहते हो
दाँत इकसठ ने मार लिये
बासठ, त्रेसठ और चौंसठ ने
सर के बाल उतार लिये
अब दो आँखें बाक़ी हैं
आगे रस्ता ठीक नहीं
तुम चाहो तो भाई मेरे
आधी बीनाई ले लो
66' का वीज़ा दे दो

कोयल

घर की छतों
और खुली जगहों पर
आते हुए डरती है
एक अकेली कोयल है जो
आज भी पर्दा करती है

एक नज़्म

चलो इन परिन्दों से पूछें
मुँह अँधेरे
दरख़्तों की शाख़ों पे जो चहचहाने लगे हैं
उन्हें यह ख़ुशी
इस मसर्रत[1] को पाने में
कितने ज़माने लगे हैं

1. आनन्द

दिल्ली

दिल्ली तेरी आँख में तिनका
क़ुतुब मीनार
दिल्ली तेरा दिल पत्थर का
लाल क़िला
दिल्ली तेरे बटवे में
'ग़ालिब' का मज़ार
रहने दे बूढ़ी दिल्ली कपड़े न उतार

जन्म दिन

साल में एक बार आता है
आते ही मुझ से कहता है
कैसे हो ?
अच्छे तो हो !
लाओ इस बात पर केक खिलाओ
रात के खाने में क्या है
और कहो क्या चलता है
फिर इधर उधर की बातें करता रहता है
फिर घड़ी देख कर कहता है
अच्छा तो मैं जाता हूँ
प्यारे अब मैं
एक साल के बाद आऊँगा
केक बना के रखना
साथ में मछली भी खाऊँगा
और चला जाता है
उस से मिलकर थोड़ी देर मज़ा आता है
लेकिन फिर मैं सोचता हूँ
ख़ास मज़ा तो तब आयेगा
जब वह आकर
मुझको ढूँढ़ता रह जायेगा

कतबा[1]   1. क़ब्र पर लगा हुआ पत्थर-शिलालेख

क़ब्र में उतरते ही
मैं आराम से दराज़ हो गया
और सोचा
यहाँ मुझे
कोई ख़लल[2] नहीं पहुँचाएगा   2. बाधा
यह दो गज़ ज़मीन मेरी
और सिर्फ़ मेरी मिल्कियत[3] है   3. जागीर
और मैं मज़े से
मिट्टी में घुलता मिलता रहा
वक़्त का एहसास यहाँ आकर ख़त्म हो गया
मैं मुतमइन था
लेकिन बहुत जल्द
यह इत्मिनान भी मुझसे छीन लिया गया
हुआ यूँ
कि अभी मैं
पूरी तरह मिट्टी भी नहीं हुआ था
कि इक और शख़्स
मेरी क़ब्र में घुस आया
और अब मेरी क़ब्र पर
किसी और का कतबा नस्ब[4] है   4. स्थापित

मेरा नाम

मेरा नाम
गहरे समुन्दर की तह में पड़ा है
जहाँ नित नये रंग की मछलियाँ
उसके चारों तरफ़ तैरती हैं
आबी[1] दरख़्तों ने 1. पानी के
अपनी जड़ें उसमें पेवस्त की हैं
मेरी यह तमन्ना है
एक दिन
दरख़्तों की शाख़ें
सत्हे आब[2] पर लहलहायें 2. पानी के ऊपर लहरायें
और उन पर
मेरे नाम के फूल आयें

इब्ने मरियम[1] हुआ करे कोई

1. ईसा, मरियम का पुत्र

तो फिर यूँ हुआ
इब्ने मरियम ने
इक भेड़ की ऊन में
अंगुलियाँ डाल कर
उसकी उलझी हुई ऊन सुलझाई
और मुस्कुरा कर कहा
सैकड़ों रोग है
और मेरे पास इनकी दवा है
मगर भाई
तू कौन से रोग में मुब्तिला[2] है ?
तो मैंने कहा
मेरी उलझनें मेरे अंदर हैं

2. ग्रस्त

रास्ते तुम से नाराज़ हैं

सुब्ह दम घर से बाहर न निकलो
रास्ते सुब्ह दम
नन्हे बच्चों को छाती से चिमटाये
स्कूल तक छोड़ने जाते हैं
सुब्ह दम घर से बाहर न निकलो
रास्ते तुम से नाराज़ हैं
तुम्हें देखकर ऐन मुमकिन है
ये रास्ते फिर भड़क जाएँ
और फूल सा कोई बच्चा
उनकी छाती से गिर जाये
स्कूल जाते हुए सारे बच्चे
हमारे तुम्हारे हैं
बच्चे किसी एक के कब हुए हैं
सुब्ह दम घर से बाहर न निकलो

ख़ौफ़

ये सब दुकानें
ये रास्ते
ये हुजूम[1] लोगों का 1. भीड़
रुकती, चलती बसें, ये कारें
ये सब का सब यह बता रहा है
कि शह्र अच्छा भला रहा है
मगर अभी इक दुकाँ जलेगी
मगर अभी इक छुरी चलेगी
यह ख़ौफ़ क्यों सर उठा रहा है

बड़ा जाहिल[1]

1. अनपढ़

इक परिन्दा
उड़ते उड़ते
अपनी नन्ही चोंच से
आकाश पर कुछ लिख गया
क्या लिखा था
कैसे पढ़ता
मैं तो जाहिल था बड़ा

नया साल

दिन
महीने
और मौसम
सब पुराना माल लेकर
फिर
नया साल आ गया

रस्ते में इक गाँव

छह सात पुराने घर आपस में मिल के बैठे थे
इक टूटे फूटे छकड़े में इक दो कुत्ते ऊँघ रहे थे
पीपल के इक पेड़ के नीचे
कुछ भैंसें ख़ामोश खड़ी थीं
दो चीलें सूखे खेतों पर
पर फैलाये तैर रही थीं
धूल उड़ाए जाता था रस्ता कच्चा
कार के पीछे भाग रहा था इक बच्चा

तख़लीक़[1] 1. सृजन

एक ज़ंग आलूदा[2] 2. जंग लगी
तोप के दहाने में
नन्ही मुन्नी
चिड़िया ने
घोंसला बनाया है

कौन

कभी दिल के अंधे कुएँ में
पड़ा चीख़ता है
कभी दौड़ते ख़ून में
तैरता डूबता है
कभी हड्डियों की
सुरंगों में बत्ती जलाकर
यूँ ही घूमता है
कभी कान में आके
चुपके से कहता है
तू अब तलक जी रहा है
बड़ा बेहया[1] है   1. बेशर्म
मेरे जिस्म में कौन है यह
जो मुझसे ख़फ़ा है

यकुम जनवरी[1]

1. पहली जनवरी

फिर इक
सर्द-ठिठरा हुआ दिन
दबे पाँव चलता हुआ
बालकोनी से कमरे में आया
मुझे अपने बिस्तर में
दुबका हुआ देख कर
मुस्कुराया
और आराम कुरसी पे बैठा घड़ी गोद में रख के
काँटा घुमाया
थके पाँव चलता हुआ
बालकोनी में लौटा
तो चारों तरफ़ से
अँधेरों ने बढ़ के
उसे फाड़ खाया

एक नज़्म

ख़्वाहिश को मत छूना
वर्ना
इस की कोख से
बेकैफ़ी[1]
बाहर आएगी

1. नीरसता

झूठ

यह ज़मीं एक तहख़ाना है
और अपनी हक़ीक़त
बस इतनी है
हम इस ज़मीं पर
आसमाँ से उतारी हुई
एक बेकार सी
फ़ालतू चीज़ हैं
और किताबों में जो कुछ लिखा है
वह सब झूठ है

चोर हवा

खिड़की खोल के चुपके से बाहर निकली
गली में मुझको देख के
घबराई भागी
मैंने दौड़ के उसका दामन थाम लिया
उसकी तलाशी ली
ये अच्छा काम किया
पड़ी हुई थी उसकी जेब में तुड़ी मुड़ी
एक नहाये जिस्म की ख़ुशबू भीनी सी

ख़ौफ़नाक कमरा

आँखें तड़प उठी हैं अँधेरे में डूब कर
कमरे में और कोई नहीं
कोई है मगर
दीवारो-दर पे हाँफ रहा है अजीब डर
मैं सोचता हूँ भाग ही जाऊँ मगर किधर
टूटा हुआ पड़ा है मेरा जिस्म
फ़र्श पर

ख़्वाब

कुछ देर खेलेगी
फिर तोड़ देगी
मुझे सब पता है
मगर फिर भी मैं
नींद के हाथ में
ख़्वाब देता रहूँगा

बातें राज़ की

राज़ में रहने दे बातें राज़ की
इससे आगे और अगर परवाज़[1] की
फैल जायेगा अँधेरा जिस्म में
टूट जायेंगी रगें आवाज़ की

1. उड़ान

अफ़वाहें

अफ़वाहों के पाँव नहीं होते लेकिन
अफ़वाहें
फिर भी चलती हैं
दौड़ती हैं
घर घर जाती हैं
और इक इक घर में
ख़ुशियों को
ढूँढ़ ढूँढ़ कर
खा जाती हैं !!

ख़लल[1]

1. बाधा

हौज़ में बेहरकत
पानी की सतह पर
एक मेढक
पाँव लम्बाये
आराम से ऊँघ रहा है
अभी कोई
वुज़ू[2] करने आयेगा
और पानी में
हल चल मचायेगा

2. नमाज के लिये हाथ मुँह धोना

ग़ज़लें

1

अजब नहीं कि फिर इक बार मैं बदल जाऊँ
ज़मीं से दूर कहीं और ही निक़ल जाऊँ

पुराने वक़्त का सिक्का हूँ मुझको फेंक न दे
बुरे दिनों में ये मुमकिन है मैं भी चल जाऊँ

मुझे नहीं तो किसी और को तो काटेगा
यह साँप है तो इसे मार कर निकल जाऊँ

न काम आयेगा यह गोश्त का बदन अलवी
मशीनी दौर है लोहे में क्यों न ढल जाऊँ

2

ऐसा वैसा कैसा है
तुमने उसको देखा है

घर वाले सब झूठे हैं
सच्चा घर में तोता है

पक्की फ़स्ल है चारों ओर
और बिजूका भूखा है

छत कहती है सुनते हो
पानी टप टप गिरता है

3

भेद क्यों खुलता नहीं दीवारोदर में कौन है
घर से बेघर हो गया हूँ मेरे घर में कौन है

सब के सब पागल नज़र आते हैं मुझको शह्‌र में
मेरे जैसा और पागल शह्‌र भर में कौन है

कौन अपना घर उठाए फिर रहा है दरबदर
घर में बैठा है मगर हर दम सफ़र में कौन है

4

सफ़र में सोचते रहते हैं छाँव आये कहीं
यह धूप सारा समुन्दर ही पी न जाए कहीं

मैं खुद को मरते हुए देख कर बहुत ख़ुश हूँ
यह डर भी है कि मेरी आँख खुल न जाये कही

हवा का शोर है बादल हैं और कुछ भी नहीं
जहाज़ टूट ही जाये, ज़मीं दिखाये कहीं

चला तो हूँ मगर इस बार भी यह धड़का है
ये रास्ता भी मुझे फिर यहीं न लाये कहीं

ख़मोश रहना तुम्हारा बुरा न था अलवी
भुला दिया तुम्हें सब ने न याद आये कहीं

5

रात मिली तन्हाई मिली और जाम मिला
घर से निकले तो क्या क्या आराम मिला

एक बहुत ही बोझल शाम के आते ही
सूने दिल को यादों का कोहराम मिला

वही मुहल्ला, वही पुराना घर था वहाँ
दर्वाज़े पर लेकिन और ही नाम मिला

काम की ख़ातिर दिन भर दौड़ लगाते हैं
बेकारी में आख़िर कुछ तो काम मिला

6

हरेक दिल में उसी की आरज़ू है
बदी[1] बूढ़ी है फिर भी ख़ूबरू है 1. बुराई

पड़ी रहती है घर में सर झुकाए
ये 'नेकी' तो बिचारी पालतू है

हमें क्या घास डालेगी भला वह
'ख़ुशी' ऊँचे घराने की बहू है

किसी भी होंठ पर जा बैठती है
'हँसी' सच पूछिये तो फ़ालतू है

कहाँ मिलती है अलवी सच बताना
'मसर्रत'[2] की हमें भी जुस्तुजू[3] है 2. खुशी, 3. तलाश

7

धूप में सब रंग गहरे हो गये
तितलियों के पर सुन्हेरे हो गये

सामने दीवार पर कुछ दाग़ थे
ग़ौर से देखा तो चेहरे हो गये

अब न सुन पायेंगे हम दिल की पुकार
सुनते सुनते कान बहरे हो गये

अब किसी की याद भी आती नहीं
दिल पे अब फ़िक्रों के पहरे हो गये

8

अजब ख़ौफ़ सा दिल पे छा जाएगा
धमाका परिन्दे उड़ा जाएगा

छुपाकर न आँखों में रख पाओगे
कोई ख़्वाब नींदें चुरा जाएगा

मोहब्बत में जी का ज़ियां[1] ही सही
किसी का मगर इस में क्या जाएगा

अभी मूड है शेर सुन लो मियाँ
फिर हम से न कुछ भी कहा जाएगा

1. नुक़सान

9

अब के बरसात में पानी आये
खुश्क दरिया में रवानी[1] आये   1. बहाव

हर घटा काली हो काजल जैसी
रंग हर खेत पे धानी आये

फूल सा रूप लिये दिन निकले
रात आए तो सुहानी आये

धूप बच्चों की तरह हँसती हो
चाँदनी लेके जवानी आये

10

धूप में शजर[1] चमके 1. वृक्ष
तितलियों के पर चमके

दूर उफ़ुक़[2] के कोने में 2. क्षितिज
ऊँचे नीचे घर चमके

दिन में किस को देखा था
चाँद रात भर चमके

कुछ नहीं था अल्बम में
फिर भी कुछ कलर चमके

सत्हे-आब[3] पर अलवी 3. पानी के ऊपर
मछलियों के पर चमके

11

मैं अपने आप से डरने लगा था
गली का शोर घर में आ गया था

उसे मैं शह्र भर में ढूँढ़ आया
मेरे कमरे में वह बैठा हुआ था

बहुत ख़ुश हो रहा था मुझ से मिल के
न जाने आज उसके दिल में क्या था

उसे मैंने भी कल देखा था अलवी
नये कपड़े पहन के जा रहा था

12

आगे पीछे दायँ बायँ दरमियाँ
हर तरफ़ मैं और मेरी परछाइयाँ

घर में तन्हा बैठे बैठे क्या करूँ
क्यों न सो जाऊँ सड़क के दरमियाँ

ख़्वाब में भी देखता रहता हूँ मैं
ताश के पत्ते क्लब की कुर्सियाँ

जी तो अलवी चाहता है बारहा[1]
शेर कहने की मगर फ़ुरसत कहाँ

1. अक्सर

13

शेर तो सब कहते हैं, क्या है
चुप रहने में और मज़ा है

दर्वाज़े पर पहरा देने- !
तन्हाई का भूत खड़ा है

घर में क्या आया कि मुझको
दीवारों ने घेर लिया है

मैं नाहक़ दिन काट रहा हूँ
कौन यहाँ सौ साल जिया है

आगे पीछे कोई नहीं है
कोई नहीं तो फिर ये क्या है

14

कोई बैन्ड बाजा सा कानों में था
अजब शोर ऊँचे मकानों में था

पड़ा था मैं इक पेड़ की छाँव में
लगी आँख तो आसमनों में था

नज़र मेरे चेहरे पे मरकूज़[1] थी
ध्यान उसका टेबिल के ख़ानों में था

ज़मीं छोड़ने का अनोखा मज़ा
कबूतर की ऊँची उड़ानों में था

मुझे मार के वह भी रोता रहा
तो क्या वो मेरे मेहरबानों में था

1. केन्द्रित

15

दिन इक के बाद एक गुज़रते हुए भी देख
इक दिन तो अपने आप को मरते हुए भी देख

हर वक़्त खिलते फूल की जानिब तका न कर
मुर्झा के पत्तियों को बिखरते हुए भी देख

पेवन्द बादलों के लगे देख जा ब-जा[1]
बगलों को आसमान कुतरते हुए भी देख

उसको ख़बर नहीं है अभी अपने हुस्न की
आईना देके बनते सँवरते हुए भी देख

तारीफ़ सुनके दोस्त से अलवी तू खुश न हो
उसको तेरी बुराइयाँ करते हुए भी देख

1. जगह जगह

16

अभी रोया अभी हँसने लगा हूँ
तो क्या सचमुच मैं पागल हो गया हूँ

अभी मैं अपने घर में सो रहा था
अभी मैं घर से बेघर हो गया हूँ

मेरे अपने ही मुझ को मारते हैं
मैं अपनी ही शिकायत कर रहा हूँ

इन्हीं लोगों से मिल कर खुश हुआ था
इन्हीं लोगों से डरता फिर रहा हूँ

17

यूँ ही हम पर सब के एहसाँ हैं बहुत
क्यों कहें कि हम परेशाँ हैं बहुत

आँख में रख ले ये मंज़र फिर कहाँ
राह में तेरी बयाबाँ[1] है बहुत   1. जंगल

मौत तो आनी है, आयेगी मगर
और भी जीने में नुक़साँ हैं बहुत

फिर ग़ज़ल कहनी है हम को और हम
ताश के पत्तों में गलताँ[2] हैं बहुत   2. खोए हुए

18

पढ़ के हैराँ हूँ ख़बर अख़बार में
मैं अलिफ़ नंगा फिरा बाज़ार में

मेरे अंदर का दरिन्दा जाग उठा
छुप गया मैं दिल के अंधे ग़ार[1] में 1. गढ़ा

मेरे आगे रात की दीवार थी
कोई दर्वाज़ा न था दीवार में

शायरी में धूल क्यों उड़ने लगी
फल क्यों खिलते नहीं अशआर[2] में 2. शेर का बहुवचन

19

दिन में परियाँ क्यों आती हैं
ऐसी घड़ियाँ क्यों आती हैं

अपना घर आने से पहले
इतनी गलियाँ क्यों आती हैं

बाहर किसका डर लगता है
घर में चिड़ियाँ क्यों आती है

अलवी क़ब्रों तक जाने में
भूल भुलैयाँ क्यों आती हैं

20

न हो कुछ और लेकिन जान तो है
बदन में अब भी इक मेहमान तो है

ये दुनिया कल न होगी ये ग़लत है
मगर इस बात का इमकान[1] तो है

1. सम्भावना

चलो गाली ही देकर याद कर लो
हमारी भी कोई पहचान तो है

अरे क्यों ख़ुदकुशी[2] करते नहीं हो
कोई मुश्किल नहीं आसान तो है

2. आत्महत्या

21

दुख का एहसास न मारा जाये
आज जी खोल के हारा जाये

इन मकानों में कोई भूत भी है
रात के वक़्त पुकारा जाये

सोचने बैठें तो इस दुनिया में
एक लम्हा न गुज़ारा जाये

ढूँढ़ता हूँ मैं ज़मीं अच्छी सी
ये बदन जिस में उतारा जाये

साथ चलता हुआ साया अपना
एक पत्थर उसे मारा जाये

22

इधर रहा हूँ उधर रहा हूँ
कहीं नहीं हूँ मगर रहा हूँ

ये कैसी आवाज़ आ रही है
ये किस जगह से गुज़र रहा हूँ

ये कैसा ख़दशा[1] लगा हुआ है
ये कौन है जिससे डर रहा हूँ

कहाँ छुपे हो बताओ अलवी
हवा पे इल्ज़ाम धर रहा हूँ

1. डर

23

मरने की जी में आये तो रस्ता दिखाई दे
ऐसा मकाँ बनाओ कि दरिया दिखाई दे

उसको बिछड़ते वक़्त मैं जी भर के देख लूँ
क्या जाने फिर मिले तो वह कैसा दिखाई दे

24

गिरह में रिश्वत का माल रखिये
ज़रूरतों को बहाल रखिये

अरे ये दिल और इतना ख़ाली
कोई मुसीबत ही पाल रखिये

जहाँ कि बस इक तिलिस्म[1] सा है
न टूट जाये ख़याल रखिये

तुड़ा मुड़ा है मगर ख़ुदा है
इसे तो साहब सँभाल रखिये

1. जादू

25

उदास है दिन हँसा के देखें
ज़रा इसे गुदगुदा के देखें

वहाँ पहाड़ों पे कुछ नहीं है
नहीं है कुछ फिर भी जाके देखें

यहाँ भी कोई नहीं सुनेगा
सदा यहाँ भी लगा के देखें

हमें भी आता है मुस्कुराना
मगर किसे मुस्कुरा के देखें

भला लगेगा ये शहृर अलवी
चलो इसे दूर जाके देखें

26

और बाज़ार से क्या ले जाऊँ
पहली बारिश का मज़ा ले जाऊँ

घर में सामाँ तो हो दिलचस्पी का
हादिसा कोई उठा ले जाऊँ

इक दिया देर से जलता होगा
साथ थोड़ी सी हवा ले जाऊँ

रोज़ कहता है हवा का झोंका
आ तुझे दूर उड़ा ले जाऊँ

आज फिर मुझ से कहा दरिया ने
क्या इरादा है बहा ले जाऊँ

जेब में कुछ तो रहेगा अलवी
लाओ तुम सब की दुआ ले जाऊँ

27

कुछ तो इस दिल को सज़ा दी जाये
उसकी तस्वीर हटा दी जाये

ढूँढ़ने में भी मज़ा आता है
कोई शय[1] रख के भुला दी जाये 1. वस्तु

सब के सब याद चले आते हैं
आज किस किसको दुआ दी जाये

28

कभी तो ऐसा भी हो राह भूल जाऊँ मैं
निकल के घर से न फिर अपने घर में आऊँ मैं

मेरा मकान अगर बीच में न आये तो
इन ऊँचे ऊँचे मकानों को फाँद जाऊँ मैं

29

परिन्दे सर पर दिखाई देंगे
वहीं कहीं घर दिखाई देंगे

नये सफ़र में भी देख लेना
पुराने मंज़र दिखाई देंगे

हमारी आँखों से सब को देखो
सभी बराबर दिखाई देंगे

यहाँ भी मस्जिद मिलेगी हमको
यहाँ भी मन्दर दिखाई देंगे

यहाँ भी छुरियाँ चलेंगी अलवी
यहाँ भी ख़ंजर दिखाई देंगे

30

बाहर गली में खिल गईं कलियाँ गुलाब की
झोंका हवा का आते ही कमरा महक गया

मुझ पर नज़र पड़ी तो वह शर्मा के रह गई
पहलू[1] से उसके ऊन का गोला लुढ़क गया 1. गोद

31

औरों के घर जला के क़यामत न कर सका
घर जल गया मगर मैं शिकायत न कर सका

उसने मुझे तबाह किया इसके बावजूद
दो चार दिन भी उससे मैं नफ़रत न कर सका

मस्जिद शहीद[1] होने का ग़म तो किया मगर   1. टूटना
इक बार भी मैं उसमें इबादत न कर सका

सच है वतन से अपने मोहब्बत नहीं मुझे
शायद इसी वजह से मैं हिजरत[2] न कर सका   2. वतन छोड़ना

32

ज़मीं कही भी न थी चारसू[1] समुन्दर था
किसे दिखाते बड़ा हौलनाक मंज़र था

1. चारों ओर

लुढ़क के मेरी तरफ़ आ रहा था इक पत्थर
फिर एक और फिर इक और, बड़ा सा पत्थर था

बुला रहा था कोई चीख़ चीख़ कर मुझ को
कुएँ में झाँक के देखा तो मैं ही अंदर था

33

भाई मेरे घर साथ न ले
जंगल में डर साथ न ले

भीगी आँखें छोड़ यहीं
देख यह मंज़र साथ न ले

नींद यहीं रह जाती है
तकिया चादर साथ न ले

एक अकेला भाग निकल
सारा लश्कर[1] साथ न ले

1. फ़ौज

साथ ख़ुदा को रख अलवी
मस्जिद मिम्बर साथ न ले

34

हुई रात मैं अपने अंदर गिरा
मेरी आँख से फिर समुन्दर गिरा

परिन्दे दरख़्तों पे गिरने लगे
गिरा शाम का सारा मंज़र गिरा

गिराना ही है तो मेरी बात सुन
मैं मस्जिद गिराऊँ, तू मन्दिर गिरा

यह बेकार सा बेसुतूँ[1] आसमाँ
ख़ुदाया कभी तो ज़मीं पर गिरा

1. बिना आधार

35

घर ने अपना होश सँभाला दिन निकला
खिड़की में भर गया उजाला दिन निकला

लाल गुलाबी हुआ उफ़ुक़[1] का दर्वाज़ा 1. क्षितिज
टूट गया सूरज का ताला दिन निकला

पेड़ों पर चुप रहने वाली रात गयी
शाख़ शाख़ पे बोलने वाला दिन निकला

नये नये मंज़र आँखों में फैल गये
खुला कोई रंगीन रिसाला[2] दिन निकला 2. पत्रिका

आँखें खोलो ख़्वाब समेटो जागो भी
अलवी प्यारे, देखो साला दिन निकला

36

दुख तो हर घर में जाता है
हर घर से उसका नाता है

रातों को दरिया में उतर के
चाँद किसे मिलने जाता है

छोड़ के अपना अक्स[1] परिन्दा
प्यास बुझा के उड़ जाता है

यह मेरा साया तो नहीं है
मेरे पीछे क्यों आता है

1. परछाईं

37

लोग भी नाआश्ना[1] हैं शह्र भी अंजान है 1. अपरिचित
अब किसी का ख़ून करना किस क़दर आसान है

कुछ समझता ही नहीं है कैसे समझाएँ उसे
एक कुत्ता उनके घर का आजकल दरबान[2] है 2. चौकीदार

आती जाती साँस का पहरा लगा है किस लिये
दिल में यादों के अलावा और क्या सामान है

इक परिन्दा देर से बैठा है नंगी शाख़ पर
पेड़ के चारों तरफ़ मैदान ही मैदान है

शायरी करता है अलवी वह भी ऐसे दौर में
दोस्त है अपना मगर अब क्या कहें नादान है

38

आता सोए जाता सोए
आधी रात को रस्ता सोए

सूरज जागे पेड़ के ऊपर
पेड़ के नीचे साया सोए

घड़ा न हो तो कुआँ न जागे
नाव न हो तो दरिया सोए

39

हमें उनका मकाँ अच्छा लगा है
वहाँ से आसमाँ अच्छा लगा है

चली तो नाव दिलकश हो गयी है
खुला तो बादबाँ अच्छा लगा है

कई यादें हैं वाबिस्ता[1] गली से
गली का हर जवाँ अच्छा लगा है

कभी ख़ुद भी हमीं उकता गये हैं
कभी सारा जहाँ अच्छा लगा है

ये रस्ते में अकेला पेड़ अलवी
और उस पर आशियाँ अच्छा लगा है

1. सम्बन्धित

40

सच कहाँ कहता है जाने वाला
ख़ूब पछतायेगा आने वाला

रात और दिन का तसलसुल[1] क्या है
एक चक्कर है थकाने वाला

सुब्ह से खोद रहा हूँ घर को
ख़्वाब देखा है ख़ज़ाने वाला

थक गया था तो ज़रा रुक जाता
मेरी तस्वीर बनाने वाला

दिल में इस दर्जा ख़मोशी क्यों है
क्या हुआ शोर मचाने वाला

1. क्रम

41

लबों पे यूँ ही सी हँसी भेज दे
मुझे मेरी पहली ख़ुशी भेज दे

अँधेरा है कैसे तेरा ख़त पढ़ूँ
लिफ़ाफ़े में कुछ रौशनी भेज दे

बहुत नेक बन्दे हैं अब भी तेरे
किसी पे तो यारब वही[1] भेज दे

1. ईश्वर प्रेषित आदेश

42

सच तो यह है कि गुमाँ[1] हूँ मैं भी   1. सन्देह
तू नहीं है तो कहाँ हूँ मैं भी

जिन में जल बुझ गये एहबाब[2] मेरे   2. मित्र
उन मकानों का धुवाँ हूँ मैं भी

याद करता हूँ पुरानी बातें
सोचता हूँ कि जवाँ हूँ मैं भी

झूठ ही झूठ भरा है मुझ में
किसी मुजरिम का बयाँ हूँ मैं भी

ख़्वाब में देख के खुद को अलवी
ऐसा लगता है कि हाँ हूँ मैं भी

43

हरेक झोंका नुकीला हो गया है
फ़ज़ा का रंग नीला हो गया है

अभी दो चार बूँदें ही गिरी हैं
मगर मौसम नशीला हो गया है

करें क्या दिल उसी को माँगता है
यह साला भी हठीला हो गया है

ख़बर क्या थी कि नेकी बाँझ होगी
'बदी' का तो क़बीला हो गया है

ख़ुदा रक्खे जवानी आ गई है
गुनह बाँका सजीला हो गया है

44

दिल के साथ लगा रहता है
क्या जाने ये डर कैसा है

आँगन में पत्ते फूटे हैं
सीढ़ी पर इक फूल खिला है

इक साया उभरा है गली में
खिड़की में इक हाथ उगा है

पुल को भी अब याद नहीं है
नीचे इक दरिया बहता है

अपने आप को धोखा देना
कभी कभी अच्छा लगता है

45

फिर सबा सूए-चमन[1] आने लगी 1. बाग़ की ओर
बूए गुल[2] ज़ंजीर पहनाने लगी 2. फूल की सुगन्ध

फिर उतर आये सितारे जाम में
फिर हवा लहकी घटा छाने लगी

फिर कहीं बजने लगीं शहनाइयाँ
फिर कोई घूँघट में शर्माने लगी

फिर कोई सोया हुआ ग़म जाग उठा
फिर किसी की याद तड़पाने लगी

फिर मेरा दिल बेसहारा हो गया
फिर कोई उम्मीद बहलाने लगी

❐❐